LE
MARIAGE CHRÉTIEN,

DISCOURS

PRONONCÉ LE 5 OCTOBRE 1858, DANS L'ÉGLISE SAINT-SULPICE,

A PARIS,

A l'occasion de la bénédiction du mariage de M. Eugène VEUILLOT
avec Mlle Louise d'AQUIN,

PAR

LE T. R. P. VENTURA DE RAULICA,

Ancien Général de l'Ordre des Théatins,
Consulteur de la Sacrée Congrégation des Rites,
Examinateur des Évêques et du Clergé romain,
Prédicateur ordinaire de Sa Majesté l'Empereur.

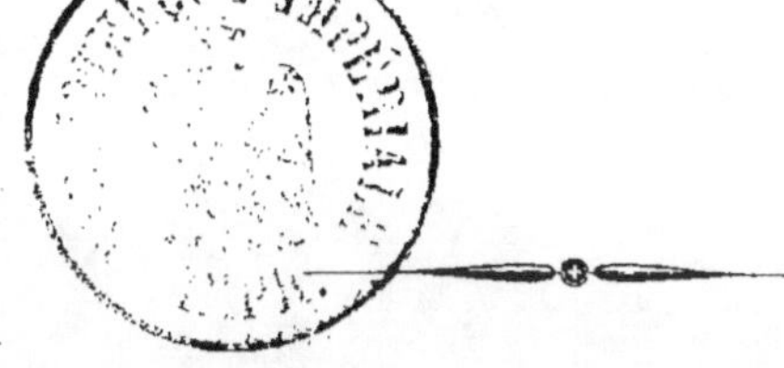

PARIS

GAUME FRÈRES ET J. DUPREY, ÉDITEURS

RUE CASSETTE, 4.

—

1858

LE

MARIAGE CHRÉTIEN,

DISCOURS.

Vous voici donc, mes Chers Fils, sur le point d'accomplir l'acte le plus solennel et le plus important de la vie humaine; car, ne vous y trompez pas, c'est de la manière dont vous en respecterez la dignité et dont vous en remplirez les devoirs, que va dépendre non-seulement votre bonheur pendant la vie, mais aussi votre salut après la mort.

Chrétiens sincères et fervents, vous y apportez toutes les saintes dispositions qu'il demande : je prends l'espérance que vous pratiquerez avec le même zèle les grandes obligations qu'il impose.

Ce n'est pas ici un de ces tristes mariages qu'une aveugle passion ou de misérables calculs ont suggéré, que l'incrédulité profane, que la frivolité dégrade, et dont le nœud est rompu presque aussitôt que formé. C'est un mariage que d'honnêtes sympathies ont fait désirer, que la sagesse a réglé, que la piété rehausse; et auquel, en le consacrant, la religion va apposer le cachet de sa sainteté.

En venant ici demander la bénédiction de l'Église, vous semblez vous dire l'un à l'autre ces belles paroles que le jeune Tobie disait autrefois à son épouse : « Nous sommes les enfants des Saints, nous ne pouvons nous unir en mariage comme les païens qui ne connaissent pas Dieu : *Filii Sanctorum sumus et non possumus ita conjungi sicut et gentes quæ ignorant Deum* (Tob. VIII). » Vous n'êtes nullement préoccupés des exigences de la vanité, qui, après la mort, ne saurait pourrir que dans la soie (1), et qui, à plus forte raison, ne saurait se marier que dans l'éclat du luxe. Toutes vos pensées sont à la sainteté du sacrement que vous allez recevoir.

Cependant, il est utile que, comme vous l'avez désiré, je vous en rappelle les grandeurs et les devoirs; car des époux chrétiens se souviendront toujours avec profit des paroles d'édification prononcées dans une pareille circonstance par le ministre de Dieu et de l'Église.

Écoutez donc avec la docilité des enfants de Dieu ce qu'au nom de Dieu je vais vous dire sur ce grave sujet, en toute simplicité, mais avec le zèle d'un prêtre et l'affection d'un père.

PREMIÈRE PARTIE.

GRANDEUR DU MARIAGE CHRÉTIEN.

1° L'ANCIENNE école épicurienne n'a attribué qu'à un instinct grossier l'origine du mariage. Les premiers humains,

---

(1) « Quæ nisi in serico marcescere non potest (S. JEROME). »

nous a-t-elle dit, comme toutes les brutes, sont sortis des entrailles de la terre ; ils n'étaient alors qu'un troupeau muet et immonde ; privés de la raison et de la parole et adonnés aux vagues jouissances de la chair, ils se les disputaient par la force et le meurtre, à l'exemple des autres animaux : *Cum procpserunt primis animalia terris, mutum et turpe pecus... quos Venerem incertam rapientes, more ferarum, viribus editior cædebat, ut in grege taurus* (HORACE).

Cicéron lui-même, dont on a voulu récemment faire un Saint et un Père de l'Église, partageait entièrement, touchant le mariage (1), l'opinion du poëte qui a écrit ces mots, et qui s'appelait lui-même « Un animal immonde du troupeau d'Épicure : *Epicuri de grege porcum* (*Idem*). »

Enfin, l'école prétendue spiritualiste de nos jours ne professe pas une doctrine moins abjecte sur l'origine de la société conjugale. Par l'organe du chef qu'elle s'est donné, elle enseigne, elle aussi : Que les premiers hommes n'étaient que des bêtes fauves ne parlant pas, ne raisonnant pas, dépourvues de tout sentiment de morale et de religion ; que cependant un beau jour, ayant reconnu qu'ils avaient l'instinct de l'utile, ils inventèrent les mathématiques ; et que, bien des siècles plus tard, s'étant aperçus qu'ils avaient aussi l'instinct du juste, du beau, du surnaturel et du raisonnement, ils inventèrent la raison, la parole, les beaux-arts, la religion, la philo-

---

(1) « Nam fuit quoddam tempus cum in agris homines passim, « *bestiarum more*, vagabantur, et sibi victu ferino vitam procura- « bant. Nec ratione animi quidquam, sed pleraque viribus corporis « administrabant. Nondum divinæ religionis, nondum humani officii « ratio colebatur. *Nemo nuptias viderat legitimas*, non certos quis- « quam inspexerat liberos ; non jus æquabile, quid utilitatis haberet, « acceperat. Ita propter errorem atque inscitiam, cæca ac temeraria « dominatrix animi cupiditas, ad se explendum, viribus corporis abu- « tebatur, perniciosissimis satellitibus (*De Invent.* 1). »

sophie, la société, la famille, le droit et les lois du mariage (1).

C'est ainsi que cette école déshonore ce que l'Écriture appelle « la plus honorable des institutions sociales : *Honorabile connubium* (HÉBR. XIII) ». Déplorons l'aveuglement de ces esprits qui se parent du titre de rationalistes, eux qui sont les vrais détracteurs de la raison aussi bien que de la dignité humaine; et écoutons LE LIVRE par excellence, le seul où se trouvent consignés l'origine vraie de l'homme et les titres primordiaux de sa noblesse et de sa grandeur. Il est dit dans ce livre, où tout est divin, même le style, que c'est Dieu qui, dès le commencement, créa l'homme à son image, et que de la même main dont il avait formé les deux sexes, il daigna bénir le premier homme et la première femme, en prononçant ces grandes paroles, où l'on sent le législateur et le maître : Croissez et multipliez, remplissez la terre et assujettissez-la à votre empire : *Creavit Deus hominem ad imaginem suam, masculum et fœminam creavit eos, benedixitque illis, et ait : Crescite et multiplicamini et replete terram et subjicite eam* (GENES. I).

Voilà, mes frères, la véritable histoire de la première famille de l'homme, voilà l'origine véritable du mariage. Oh! quelle est noble, magnifique et sublime! Ce n'est pas l'œuvre de l'instinct de la bête, mais de la raison divine; ce n'est pas l'invention de l'homme, mais l'institution de Dieu.

2° Grande et élevée parce que Dieu en est l'unique auteur, cette institution l'est encore davantage à cause des fonctions que les époux sont appelés à exercer et de la place que, d'après les desseins de Dieu, ils occupent dans la hiérarchie des êtres.

____

(1) Voyez COUSIN, *Cours sur l'histoire de la philosophie*, XIII° leçon.

Dans l'ordre de sa providence, Dieu a établi que toute action qu'il a directement exercée lui-même à l'égard du premier homme serait continuée par des hommes à l'égard du reste des hommes. En créant le premier homme, il a été son père ; en lui donnant les lois de la conservation de son espèce, il a été son roi ; en lui révélant toute la religion et en lui en appliquant les rites, il a été son précepteur et son pontife. Mais là s'arrêta l'économie de son action *sociale* directe sur l'homme : pour la suite, il a chargé l'homme même de la perpétuer sur les autres hommes. Ainsi il nous engendre par nos Parents, comme il nous conserve par les Pouvoirs publics, comme il nous éclaire et nous sanctifie par le Sacerdoce.

En effet, que vais-je faire tout à l'heure ? Bénissant votre union en vertu du pouvoir de bénir que j'ai reçu par mon ordination, je vais répéter à votre égard l'action de Dieu qui sanctifie ; je vais faire descendre sur vous les mêmes bénédictions qu'il prononça sur nos premiers parents : *Et benedixit eis.* Et de même, accomplissant le but direct de l'union conjugale, la procréation des enfants, en vertu du droit dont vous allez être investis par votre mariage, vous répéterez en quelque sorte l'action de Dieu qui crée, à l'égard de ceux que Dieu voudra bien faire naître de vous. Vous les formerez à votre image, comme Dieu a formé à son image le premier homme : *Creavit Deus hominem ad imaginem suam.* Et comme, pour être homme, je n'en exerce pas moins, par rapport à vous, la fonction du Dieu sanctificateur, vous aussi, pour être des hommes, vous n'en exercerez pas moins, par rapport à ceux à qui vous donnerez le jour, la fonction du Dieu créateur.

Comprenez donc, mes chers fils, la haute dignité à laquelle vous vous trouverez élevés par l'acte que vous allez accomplir. Dès cet instant, Dieu vous communiquera une partie de cette puissance par laquelle il donne l'être à ce qui n'est pas. Car, d'après la belle pensée de saint Jean Chrysostôme, nous autres prêtres, ne consacrons le Corps du Seigneur qu'en vertu de cette parole : « Ceci est mon corps; faites cela en commémoration de moi : *Hoc est corpus meum, hoc facite in meam commemorationem* », parole qui, prononcée par le Dieu rédempteur, se répète toujours avec la même puissance sur tous les autels de l'Église; et de même les hommes ne naissent à la vie qu'en vertu de cette parole : « Croissez et multipliez : *Crescite et multiplicamini* », parole qui, prononcée une seule fois par le Dieu créateur, résonne avec un retentissement toujours fécond dans toutes les familles des humains. C'est-à-dire que Dieu vous associe au mystère de cette union intime par laquelle, dans les profondeurs de sa nature éternelle, le Verbe naît de la substance divine, puisqu'il vous accorde le grand privilége d'engendrer, vous aussi, des fils de votre propre substance. C'est à quoi faisait allusion saint Paul en disant que toute paternité terrestre n'a sa raison que dans la paternité céleste, et n'est que l'écho prolongé de la paternité de Dieu : *A quo omnis paternitas in cœlis et in terra nominatur* (Ephes. III).

Mais le mariage chrétien a encore des titres tout partiliers de grandeur et de noblesse.

3° Parmi les modernes hérétiques, Luther et Calvin, ces grands farceurs sacriléges qui, sous le nom de réformes, n'ont amoncelé sur leur passage que des crimes et des ruines; ces odieux destructeurs de tout ce qui anoblit l'homme, en le sanctifiant et en l'élevant à l'ordre surnaturel et parfait; Luther et Calvin, dis-je, ont effacé le mariage du nombre des sacrements, prétextant qu'il n'en est pas question dans la Bible. Et c'est à leurs écoles que se sont formés les publicistes incrédules de nos jours qui n'ont pas moins travaillé avec un zèle infernal à séculariser, à profaner le mariage, en le ravalant à la chétive condition d'un simple contrat civil, d'un arrangement purement humain.

C'est là plus qu'une erreur ; c'est un impudent mensonge, un sacrilége, un blasphème ! Car le mariage est, au contraire, le seul parmi les sacrements chrétiens qui, dans la Bible, soit appelé en toutes lettres UN GRAND SACREMENT : saint Paul ayant dit : Ce sacrement est vraiment grand, je l'affirme, en Jésus-Christ et en l'Église : *Sacramentum hoc magnum est, dico ego in Christo et in Ecclesia* (EPHES. V).

Bien plus, loin de ne pas être un véritable sacrement dans la loi nouvelle, le mariage l'était même dans l'ancienne loi.

D'après les plus grands théologiens anciens et modernes : Tertullien, saint Augustin, saint Chrysostôme, saint Léon, saint Thomas, Bellarmin et Suarez ; et mieux encore, d'après les deux derniers conciles œcuméniques de Florence et de Trente, une grande partie des rites religieux de l'ancienne loi étaient de vrais sacrements. Ce qui les distinguait des sacrements de l'Évangile, c'était que ces derniers produisent la grâce par eux-mêmes, *Ex opere operato*, comme s'expriment les théologiens ; et que les premiers ne conféraient pas la grâce par eux-mêmes, mais en tant qu'ils étaient la figure de nos sacrements, et par la foi que ceux qui les administraient et ceux qui les recevaient avaient dans l'efficacité des mystères futurs du Messie : *Ex opere operantis*, toujours selon le langage de la théologie.

C'est que, comme l'a dit saint Augustin, il n'y a pas de vraie religion sans sacrements : *Nulla potest esse vera religio sine sacramentis (Contr. Faust. XIX, 11)*; et par conséquent, dit un illustre théologien, l'ancienne religion, ayant été certainement une religion vraie, n'a pu exister sans de vrais sacrements : *Ergo vera religio, qualis certe fuit in veteri testamento, sine veris sacramentis esse non potuit* (ANTOINE, *Theol. univ. speculat. dogmat. tom.* **2**, *tract. De sacramentis in genere*, cap. I, art. 1) (1). C'étaient, il est vrai, des sacrements bien imparfaits : la perfection de la religion ayant été réservée à l'Évangile. Mais, dit le même auteur, pour être imparfait, Israël n'en était pas moins le *vrai* peuple de Dieu, et pour être imparfaits, eux aussi, les sacrifices de la Loi n'en étaient pas moins de *vrais* sacrifices; de même, pour être imparfaits, les anciens sacrements n'en étaient pas moins de *vrais* sacrements (*Ibid.*).

Ainsi, un moyen de justification, a dit saint Augustin, n'a jamais manqué au monde; et ce moyen n'a été que Jésus-Christ, dont les mérites infinis, appliqués par la foi, faisaient le salut du monde passé, comme du monde présent et du monde futur. C'est ce que saint Paul a exprimé par ces profondes paroles : Jésus-Christ a été hier ce qu'il est aujourd'hui et ce qu'il sera pour tous les siècles : *Christus heri et hodie, ipse et in sæcula* (HÉBR. XIII).

La circoncision par exemple, d'après l'opinion des Pères, justifiait dans les temps anciens; mais, comme l'a dit saint Paul, non par elle-même, car les œuvres de la loi ne pouvaient pas justifier, mais par la foi dans les mérites du Messie futur, et par l'effet anticipé du baptême dont la circoncision était la figure (2).

Il en était de même de l'ancien rite du mariage, établi

---

(1) Cette thèse, que le théologien cité a démontrée victorieusement à l'endroit indiqué ci-dessus, se trouve développée au IIIe vol. des CONFÉRENCES de l'auteur de ce Discours sur la *Raison philosophique* et la *Raison catholique*, au PREMIER APPENDICE intitulé : *Les Sacrements avant le Christ*, § 2.

(2) Cette thèse aussi se trouve exposée par le P. Antoine à l'endroit précité, ch. 3, art. 4.

dès l'origine du monde. On ne recevait la grâce à son occasion qu'en tant qu'il était la figure du sacrement du mariage que Jésus-Christ aurait institué, et en tant qu'on s'en appliquait le mérite par la foi dans la rédemption future : *Ex opere operantis.*

Jésus-Christ a prononcé dans l'Évangile ces graves paroles : « Le divorce n'existait pas au commencement. Dieu « créa l'homme mâle et femelle ; il ordonna que l'homme « serait attaché à sa femme de manière à ne former « qu'une seule chair avec elle. Que l'homme donc ne « sépare pas ce que Dieu a uni : *Ab initio non fuit sic ; qui* « *fecit hominem masculum et fœminam fecit eos, et dixit :…* « *adhærebit uxori suæ et erunt duo in carne una. Quod ergo* « *Deus conjunxit homo non separet* (Matth. XIX). » Il est impossible d'abord de ne pas croire, d'après une déclaration si claire, si précise et si solennelle du Fils de Dieu lui-même, que Dieu, dès l'origine du monde, a établi le mariage comme une loi de la famille ou comme une *institution permanente.* Il est plus impossible encore de penser que ce même Dieu, que l'Écriture nous représente comme consacrant et bénissant lui-même, en vrai Pontife, le premier mariage, n'ait pas conféré à ces premiers époux *les grâces* de leur nouvel état. Et, dès lors, il est impossible, sans s'aveugler volontairement sur l'esprit et la lettre de la Bible, de ne pas voir dans ce premier mariage un vrai sacrement ; car, d'après la doctrine admise même par nos frères séparés : Tout SIGNE SENSIBLE SACRÉ INDIQUANT LA GRACE SANCTIFIANTE, ET QUE DIEU AURAIT INSTITUÉ D'UNE MANIÈRE PERMANENTE est un véritable sacrement : *Sacramentum est signum sensibile sacrum gratiæ sanctificantis, permanenter a Deo institutum.* Comment donc, sacrement même sous la loi de nature, le mariage ne serait-il pas un sacrement sous la loi de l'Évangile ?

4° Enfin le quatrième titre de la grandeur du mariage

chrétien, c'est qu'il est la figure de l'union future de Jésus-Christ et de l'Église.

On se demande pourquoi, Dieu ayant créé l'univers et même les anges par un mot prononcé avec une espèce d'indifférence : *Ipse dixit, et facta sunt; ipse mandavit, et creata sunt* (PSAL. 148); ce n'est qu'en créant l'homme qu'il ait appelé, en quelque sorte, sa sagesse en conseil : *Faciamus hominem;* qu'il ait pétri de sa propre main le limon dont il forma le corps d'Adam; qu'il ait paru tirer du fond de son être l'esprit dont il l'anima; tellement que l'homme est le seul être, selon l'expression de Tertullien, que Dieu a créé non d'un commandement de maître, mais de la main caressante d'un père : *Non imperiali verbo, sed familiari manu!* C'est, répond le même docteur, parce que, dans la formation du corps de l'homme, la pensée divine était fixée sur le Verbe éternel, qui un jour devait se faire homme : *Quidquid limo exprimebatur, Christus cogitabatur homo futurus.*

C'est à l'école de saint Paul que le docteur africain a appris cette belle doctrine. Car c'est l'Apôtre qui a appelé le premier Adam « la forme ou l'ébauche de l'Adam second : *Adam primus est forma futuri* (ROM. V) ». D'après cette parole, semblable à un artiste qui commence par effigier en petit et avec de la terre le modèle de la glorieuse statue que, plus tard, il taillera de grande dimension dans un marbre précieux, Dieu, par la formation de l'homme, n'a fait que figurer et annoncer Jésus-Christ, préludant ainsi au grand mystère du Dieu fait homme : *Adam primus est forma futuri.*

Qu'est-ce que Jésus-Christ? C'est la personne du Verbe, substantiellement unie à la nature humaine. Mais cette nature, parfaite en lui, n'est pas complète (1); il lui manque la

---

(1) De ce que l'humanité de Jésus-Christ manquait de la personnalité

personnalité humaine qui est suppléée par la personne du Verbe. Car, en Jésus-Christ, il y a duplicité de nature et de volonté et unité de personne. C'est donc pour figurer d'avance cet ineffable mystère que Dieu a uni intimement dans l'homme la substance spirituelle à la substance corporelle, qu'il a fait ce corps parfait, mais non complet; car le corps humain manque de l'*être* propre à lui, et commun à tous les autres corps ; et cet être est suppléé par l'être de l'âme : et par conséquent, il y a dans l'homme duplicité de substance et unité d'être. Voyez donc combien les œuvres de Dieu sont admirables ; et s'il pouvait exprimer d'une manière plus précise et plus frappante le mystère de Jésus-Christ, vrai Dieu et vrai homme dans l'unité de la personne, qu'il ne l'a fait par la création de l'homme, vrai esprit et vrai corps dans l'unité de l'être : *Adam primus est forma futuri.*

Et de même, on se demande pourquoi, Dieu ayant tiré également de la terre les deux sexes de tous les animaux,

---

humaine, il ne s'ensuit pas que cette humanité fût moins parfaite que celle de tout autre homme. Au contraire, par son union intime et substantielle avec la personne du Verbe, cette humanité ne subsistant que dans cette personne et l'ayant pour sa personne propre, n'en a été qu'infiniment plus noble et plus parfaite, car elle est devenue une humanité divine ; et c'est pour cela que l'âme et le corps du Seigneur sont appelés et sont effectivement *divins*, dans toute la rigueur de la lettre. De même, de ce que le corps de l'homme manque d'un être qui lui soit propre, il ne s'ensuit pas qu'il soit moins parfait que tous les autres corps. Au contraire, par son union substantielle avec l'âme, empruntant à l'âme son être, et *n'étant* que par l'être de l'âme, en sorte que, séparé d'elle, il se décompose et n'a plus l'être d'un corps, le corps de l'homme n'en est, lui aussi, que plus noble et plus parfait ; parce que, comme l'a remarqué Tertullien, il a pour son compte un être d'un ordre plus élevé, un être spirituel, et il est en quelque sorte spirituel, lui aussi, et partageant les fonctions spirituelles de l'âme, tant qu'il demeure uni avec elle.

il n'a tiré que du mâle la femelle de l'humanité, l'Écriture nous apprenant que ce fut pendant l'extase d'Adam que Dieu lui enleva une côte, et, selon l'expression si remarquable de l'historien sacré, il en bâtit la femme : *Tulit unam de costis ejus et ædificavit in mulierem* (GENES. II). C'est, répond le grand saint Thomas, d'abord afin que l'on sache combien l'homme est grand, puisqu'il est le seul principe de son espèce, comme Dieu l'est de tout l'univers : *Ut dignitas primi hominis servaretur, et ipse, secundum Dei similitudinem, esset principium totius suæ speciei sicut Deus est principium totius universi* (I, QUÆST. 82, art. 29). C'est, en second lieu, afin que, par cette identité de la même chair, formant les deux sexes de l'homme, il fût constaté que le mariage n'est pas une union accidentelle et passagère pour la reproduction de l'espèce, comme elle l'est dans tous les animaux, mais une union indissoluble et perpétuelle de toute la vie : *Secundo, ut vir inseparabilius mulieri adhæreret, quia in specie humana mas et fœmina commanent per totam vitam ; quod non contingit in aliis animalibus* (IBID.).

En troisième lieu, Dieu n'a pas tiré la femme de la tête de l'homme, afin qu'il ne vînt pas à la femme la pensée de dominer l'homme ; il ne l'a pas tirée de ses pieds non plus, afin que l'homme ne fût pas tenté à son tour de la mépriser comme sa servante et son esclave : mais il l'a tirée de son côté, et en quelque sorte de son cœur, afin que l'homme la regardât et la respectât comme sa compagne et son égale : *Conveniens fuit mulierem formari de costa viri, ad significandum quod inter virum et mulierem debet esse socialis conjunctio ; neque enim mulier debet dominari in virum, et ideo non est formata de capite ; neque despici debet a viro tanquam serviliter subjecta, et ideo non est formata de pedibus* (IBID., art. 3).

Mais indépendamment de ces raisons, tirées de l'ordre

naturel, Dieu a eu des raisons d'un ordre plus élevé pour créer la femme comme il l'a fait.

Dans l'Évangile de cette semaine, il est dit : Le royaume des cieux est semblable à un roi qui, voulant marier son fils, envoya ses serviteurs chercher les invités à la noce : *Simile est regnum cœlorum homini regi qui fecit nuptias filio suo, et misit servos suos vocare invitatos ad nuptias (Evang. Dominic. XIX post Pent.).* Dans cette magnifique parabole, Jésus-Christ a tracé lui-même l'histoire de ses mystères et de sa religion. Ce grand roi donnant une épouse à son unique Fils, et invitant tant de monde à cette noce, est le Père éternel, qui a donné à son Verbe fait homme l'Église pour son épouse ; et il a envoyé ses apôtres inviter l'humanité entière à s'associer à cette Église et à solenniser, par l'exercice des vertus les plus parfaites, ce grand et mystérieux mariage.

Ainsi donc, cette grande parole que Dieu prononça littéralement à l'égard du premier homme : « Il n'est pas bien que l'homme soit seul ; *Non est bonum homini esse solum* (GENES. 1) », se rapportait aussi, en prophétie, à l'homme SECOND dans l'ordre du temps, mais PREMIER dans la pensée divine ; à l'homme par excellence, à l'homme parfait, parce qu'il est le seul homme qui soit en même temps Dieu. Jésus-Christ ne devait pas non plus être seul sur cette terre, il lui fallait un aide semblable à lui : *Faciamus ei adjutorium simile sibi* ; il lui fallait une épouse, une Église ; mais une Église, une épouse de sa propre chair, de ses propres os, de son propre sang, parce qu'il est le seul principe de toute justification, de toute grâce et de toute vie spirituelle. Or, c'est pour représenter en miniature ce grand sacrement, dit toujours saint Thomas, que Dieu a créé la première femme de la chair même de l'homme ; qu'il a établi l'homme comme le principe premier de toute vie naturelle, et a fait d'Ève, en même temps, la fille, la sœur et l'épouse d'Adam ; comme l'Église, d'après l'Écriture sainte, est en même temps la fille, la sœur et l'épouse de Jésus-Christ : *Alia ratio est sacramentalis; figuratur enim per hanc quod Ecclesia a Christo sumit principium* (IBID.).

Et encore, ce sublime et délicieux mystère ne devait s'accomplir que par le sang et par l'eau sortis du sein transpercé du second Adam, endormi du sommeil de la mort sur l'arbre de la croix, et c'est ce sang et cette eau qui devaient former les sacrements desquels est née l'Église. Dieu ne pouvait donc mieux présenter d'avance tout cela en figure qu'en faisant naître la première femme du sein du premier Adam, endormi aux pieds de l'arbre de la vie : *Secundo propter sacramentum, quia de latere Christi dormientis in cruce fluxura erant sacramenta, et sanguis, et aqua quibus est Ecclesia instituta* (IBID.).

Il résulte de là que, comme l'homme isolé est un temple vivant, représentant et portant en lui le grand mystère du Verbe de Dieu fait homme ; de même le chrétien et la chrétienne unis par le sacrement du mariage sont un temple vivant, eux aussi, représentant et portant en eux-mêmes le mystère non moins grand de l'union de l'homme-Dieu avec l'Église.

Voilà l'explication de la magnifique sentence de saint Paul : Que le mariage est un grand sacrement en Jésus-Christ et en l'Église : *Sacramentum hoc magnum est, dico ego in Christo et in Ecclesia;* et voilà un petit essai sur la perpétuité de l'unité et de l'harmonie des mystères de la vraie religion.

Je n'ai fait que vous indiquer à peine, mes chers fils, les grandeurs du mariage chrétien. Et cependant n'ai-je pas le droit, après ce que vous venez d'entendre, de vous dire avec saint Léon : Reconnaissez, époux chrétiens, votre dignité, et associés à la nature même de Dieu par l'acte par lequel vous allez réaliser une institution divine, continuer des fonctions divines, recevoir un sacrement divin et représenter en vous-mêmes un mystère divin; gardez-vous bien, par une conduite indigne de chrétiens, de tomber dans la misère et dans la dégradation du mariage païen. N'ai-je pas le droit de vous dire : Considérez-vous dès cet instant comme des êtres appartenant à l'ordre spirituel et divin, comme des personnages sacrés, et respectez-vous mutuellement comme tels : *Agnosce, christiane, dignitatem tuam, et divinæ consors naturæ, noli in veterem vilitatem degeneri conversatione redire* (SERM. DE NATIVIT.).

Mais comme la vraie manière de respecter son état c'est d'en accomplir les devoirs, veuillez entendre encore la courte explication que je vais vous en faire.

DEUXIÈME PARTIE.

LES DEVOIRS DU MARIAGE CHRÉTIEN.

L'AMOUR est pour les êtres intelligents ce que l'attraction est pour les êtres physiques; comme on ne peut former un corps avec des éléments qui ne s'attirent pas, on ne peut non plus former une société entre des hommes qui ne s'aiment pas. C'est pour cela que le grand théologien du mariage chrétien, saint Paul, a résumé dans le précepte de l'amour tous les devoirs des personnes mariées, et, ce qui est encore plus remarquable, a fondé ce précepte sur le mystère que représentent les époux chrétiens. Car ayant dit : Époux, aimez vos épouses comme Jésus-Christ aime l'Église : *Viri, diligite uxores vestras sicut Christus Ecclesiam* (ÉPHES. V), il a évidemment voulu dire aux femmes aussi : Épouses, aimez vos époux comme l'Église aime

Jésus-Christ. Voulez-vous donc savoir, mes chers fils, ce que, dès ce moment, vous vous devez mutuellement? Un mot vous le dira : Aimez-vous l'un l'autre d'un amour qui imite l'amour mutuel de Jésus-Christ et de l'Église : *Diligite sicut Christus Ecclesiam.*

Jésus-Christ et l'Église s'aiment d'un amour pur et spirituel, d'un amour généreux et dévoué, d'un amour surnaturel et divin. Ce sont là les conditions de l'amour dont vous devez vous aimer, et qui seul peut faire votre véritable bonheur.

D'après les idées du monde, le mariage est un état de satisfaction charnelle ; mais d'après l'Évangile, ce n'est qu'un état de continence et de chasteté, et de là la nécessité de vous aimer d'un amour pur. D'après les idées du monde, le mariage est un état de liberté et de jouissances ; mais d'après l'Évangile, c'est un état de dépendance et de tribulation, et de là la nécessité de vous aimer d'un amour généreux. D'après les idées du monde, le mariage est un état séculier et profane ; mais d'après l'Évangile, c'est un état dont le dernier but n'est autre que la vie éternelle, et de là la nécessité de vous aimer d'un amour surnaturel et divin.

Revenons sur ces idées.

1° En opposition à la race du serpent, qui se forme du sang, de la volonté de la chair et de la volonté de l'homme : *Ex sanguinibus, ex voluntate carnis, ex voluntate viri* (JOAN. I); la race de la Femme par excellence, la race de Marie, type et figure de l'Église, naît de l'esprit de Dieu : *Ex Deo nati sunt.* C'est de Jésus-Christ vierge et de l'Église vierge aussi que naît la génération des vrais chrétiens. Jésus-Christ donc et l'Église s'aiment d'un amour tout à fait étranger à la concupiscence, et c'est même sa pureté qui en forme toute la prodigieuse fécondité. Voilà, mes fils, le modèle de votre amour.

Il est vrai que la Virginité, cet état sublime et parfait dans lequel l'homme, inférieur à l'Ange par sa nature, devient son égal par la grâce, n'est qu'un *conseil* et non pas un précepte de l'Évangile. Mais il est vrai aussi que ce qu'on appelle « La chasteté conjugale », et qui est une espèce de virginité, est rigoureusement prescrit par l'Évangile à tous les époux chrétiens. Tout ne leur est pas permis dans le mariage. Toute action contraire à sa fin immédiate, la génération des enfants, est criminelle. Tout ce qui ne se rapporte pas, plus ou moins directement, à cette fin, ou bien à la fin secondaire d'amoindrir le feu de la concupiscence, est déréglé; et à plus forte raison, ne chercher dans l'usage de ce sacrement que la volupté, c'est une profanation, c'est un sacrilége portant avec lui sa punition, même dans l'ordre naturel. Interprète de la tradition primitive, la sagesse païenne elle-même a dit par l'organe de Platon : « Les mariages les plus chastes sont les plus féconds; » et la sagesse chrétienne avertit par l'organe de saint Thomas que, bien plus souvent qu'on ne le pense, la stérilité des époux, les avortements, la complexion maladive et chétive et même la laideur et la monstruosité des enfants, ne sont que les tristes résultats des fautes commises contre la dignité du mariage.

Il ne faut pas souffrir que la chair entraîne l'esprit et que la passion éclipse la raison; mais il faut que l'esprit domine la chair et que la raison maîtrise et dirige la passion. L'archange Raphaël a dit à Tobie ces remarquables paroles : « Ceux qui, en s'engageant dans le mariage, bannissent Dieu de leur cœur et de leur esprit, agissant comme s'ils étaient des animaux dépourvus d'intelligence, ceux-là sont punis à l'instant même de cet excès par l'empire que Satan acquiert sur eux : *Qui conjugium ita suscipiunt ut Deum a se et a sua mente excludant, ut suæ libidini ita vacent sicut equus et mulus quibus non est in-*

tellectus, potestatem habet dæmonium super eos (Tob. VI). »

Cette terrible punition de l'oubli de tout respect et de toute pudeur dans le mariage s'accomplit sur une grande échelle dans la famille moderne, qui paraît avoir abjuré tout principe et tout sentiment chrétien. Témoin ces ménages affreux dont le nombre augmente tous les jours, et chez lesquels une haine implacable vient bientôt remplacer les transports d'une aveugle affection; car la volupté est cruelle, la pudeur seule est charitable. Témoin ces ménages dont les antipathies et les discordes domestiques, lorsqu'elles n'éclatent point par de scandaleuses divisions, ne laissent subsister une apparence d'union que par la honteuse et sacrilége liberté que les époux s'accordent mutuellement de marcher dans les voies du désordre, et dont par conséquent la paix mensongère n'est achetée qu'au prix du déshonneur. Témoin enfin ces ménages d'où tout bonheur a fui en compagnie de toute vertu. Or, c'est là l'action de l'esprit immonde, qui, selon l'expression de l'Écriture, pousse ceux qui sont tombés dans la boue à s'y enfoncer encore davantage : *Qui in sordibus est sordescat adhuc* (Apoc. XXII). Ce sont là les ravages de Satan qui, régnant en maître dans ces familles, y concentre tous les crimes et tous les malheurs de l'enfer ; comme l'Esprit-Saint répand dans les familles chrétiennes où il règne en maître toutes les grâces et tous les dons du ciel.

Je ne crains rien de semblable pour vous, mes chers fils, et si j'ai effleuré un pareil sujet, ce n'est que pour obéir à l'Église, qui nous fait un devoir d'engager, par de graves paroles, les nouveaux époux à garder inviolablement cette fidélité conjugale qu'ils se sont jurée l'un l'autre aux pieds des autels, et à suivre la continence pendant le temps du jeûne, de la prière et des grandes solennités de la foi; *Moneat eos sacerdos sermone gravi ut sibi invicem servent fidem;*

*orationis tempore, et præsertim jejuniorum atque solennitatum,
casti maneant, etc. (Miss. pro Sponso et Sponsa).*

L'un de vous deux descendant, et l'autre allant devenir l'allié de la famille du grand docteur d'Aquin, ce génie immortel, doublement angélique, et par l'élévation de son intelligence et par la virginité de ses mœurs; vous vous ferez une gloire de lui appartenir encore mieux par l'imitation de ses vertus que par les liens du sang. Vous renouvellerez les prodiges de l'esprit chrétien de la famille de sainte Paule, qui a mérité d'avoir un saint Jérôme pour panégyriste. A côté de cette héroïque fille, aussi distinguée par son esprit que par son cœur, qui, renonçant aux douceurs de la maternité selon la nature, a voulu conquérir le mérite sublime de la maternité selon la charité, en adoptant pour ses filles les orphelines de son frère, et qui, nouvelle Eustoche, moissonne les fleurs de la sainte virginité : *Eustochium virginitatis flores metit;* à côté de ce grand chrétien, qui, nouveau Pammachium, rehausse l'éclat de son génie et l'ardeur de son zèle pour l'Église par les pratiques de la foi, et par toutes les vertus d'une laborieuse viduité: *Laboriosam viduitatem terit;* vous, nouveau Toxotius et nouvelle Léta, vous vous rendrez le modèle de la pureté et de la fidélité du mariage chrétien : *Vos castum matrimonii cubile servabitis.* Ainsi se trouvera réuni dans cette heureuse parenté le triple fruit mystérieux de la semence évangélique tombée sur une bonne terre, et figure de la sainteté que la grâce de Jésus-Christ produit, dans la proportion de cent dans les vierges, de soixante dans les veufs et de trente dans les époux vraiment catholiques : *In agro terræ bonæ tres fructus legimus: centesimum, sexagesimum, tricesimum. In tribus tria Christi præmia recognosco (Jeron. ad Pammac.).*

2° L'amour de Jésus-Christ pour l'Église est en second lieu un amour généreux et dévoué; saint Paul ayant dit :

Jésus-Christ a aimé l'Église et s'est entièrement livré pour elle : *Christus dilexit Ecclesiam et tradidit semetipsum pro ea (Ephes.)* ; et l'Église à son tour aime Jésus-Christ du même amour ; car dans la personne des meilleurs de ses enfants, dans ses Apôtres, dans ses Docteurs, dans ses Confesseurs, dans ses Vierges, dans ses Martyrs de la charité aussi bien que dans ses Martyrs de la foi, elle sacrifie tout à la gloire de son céleste Époux, tous les biens de ce monde, toutes les jouissances matérielles, toutes les affections terrestres, et même son sang, et même sa vie. C'est aussi, toujours d'après saint Paul, la seconde condition de votre amour : *Diligite uxores vestras sicut Christus Ecclesiam et tradidit semetipsum pro ea.*

Le mariage, continue saint Paul, est un état de sujétion et de dépendance, car l'époux ne s'appartient pas, mais il appartient tout entier à son épouse ; et celle-ci ne s'appartient pas davantage, mais elle appartient tout entière à son époux : *Vir sui corporis potestatem non habet, sed mulier ; et mulier sui corporis potestatem non habet, sed vir* (IBID.). C'est-à-dire que les époux se doivent entièrement l'un à l'autre ; que chacun d'eux doit subordonner et sacrifier ses penchants, son humeur, ses goûts, ses désirs et ses volontés à ceux de l'autre. C'est-à-dire que l'époux doit surtout immoler à la nécessité d'édifier sa compagne ce lâche sentiment de respect humain qui éloigne un si grand nombre d'hommes des pratiques religieuses, et finit par détruire en eux toute foi. Et l'épouse doit surtout faire holocauste à l'économie, à la paix et aux soins de la famille, de cette fureur pour les amusements, pour les spectacles, pour le luxe et pour la parure, qui font tourner la tête à tant de femmes, qui persuadent tant de désordres, qui sont la cause de la ruine dans tant de familles, et de tant de malheurs dans l'État.

On prétexte qu'aujourd'hui la variété, le goût, l'éclat de

la toilette sont des conditions nécessaires pour être bien reçu dans le monde. Pour vous, ma fille, je vous prie de ne jamais oublier que toute société qui chercherait en vous d'autres titres pour vous estimer que votre piété, votre sagesse et votre pudeur, ne serait qu'une société frivole, mondaine, païenne et indigne de vous ; une société qui vous ferait payer trop cher l'honneur de vous bien accueillir ; une société, enfin, où vous n'auriez rien à gagner et où vous auriez tout à perdre.

Saint Paul a dit encore : L'époux doit aimer son épouse comme son propre corps ; en l'aimant ainsi, il s'aime lui-même, car elle est sa propre chair ; or personne ne hait sa chair, quoique faible ou malade, mais la nourrit et la soigne ; c'est ainsi que Jésus-Christ se conduit à l'égard de l'Église : *Viri debent diligere uxores suas ut corpora sua; qui suam uxorem diligit seipsum diligit; nemo enim unquam carnem suam odio habuit, sed nutrit et fovet sicut Christus Ecclesiam* (IBID.). C'est dire aux époux qu'ils doivent se pardonner mutuellement leurs défauts, comme tout homme se pardonne ses propres défauts ; se supporter l'un l'autre et s'accorder une indulgence mutuelle pour la divergence des pensées et des humeurs, et pour toutes les imperfections et les faiblesses de la nature humaine.

Saint Paul a dit enfin : Je préviens ceux qui veulent se marier qu'ils auront à subir la tribulation de la chair : *Tribulationem tamen carnis habebunt hujusmodi* (IB.) ; et dans cette parole si pleine de sens et de philosophie, il a renfermé les peines, les préoccupations, les soucis, les désagréments, les douleurs et les sacrifices inséparables du mariage. C'est donc dire aux époux qu'ils doivent s'aimer de manière à s'alléger mutuellement le poids de cette tribulation par l'exemple qu'ils doivent se donner l'un à l'autre de la compassion qui la fait partager et de la patience qui la fait endurer. Mais c'est leur dire qu'ils doivent vivre l'un dans l'autre, l'un pour l'autre ; que l'un doit faire du bonheur de l'autre son propre bonheur ; car les philosophes définissent l'amour : « La joie qu'on éprouve de la félicité d'autrui : *Gaudium ob felicitatem alterius* ». Or tout cela n'est que de la générosité de l'âme, n'est que du dévouement ; car le dévouement n'est que l'épanchement d'un cœur dans un autre cœur, et le sacrifice de la vie même pour la vie d'un autre.

3° Mais ce n'est pas assez de vous aimer d'un amour pur et généreux ; il faut encore que vous vous aimiez d'un amour surnaturel et divin. Le mariage chrétien est celui que l'on contracte dans la vue de suivre la volonté de Dieu qui y appelle ; et comme la volonté de Dieu est la sanctification des hommes : *Hæc est voluntas Dei sanctificatio vestra*, les époux chrétiens, comme l'a déclaré le concile de Trente, doivent se proposer pour but principal de leur union leur sanctification mutuelle. Et saint Augustin a dit : Chez nos femmes, la sainteté du sacrement l'emporte sur la fécondité des entrailles : *In nostrarum nuptiis plus valet sanctitas sacramenti quam fœcunditas uteri (De bono Conj.).* Ce n'est ni pour contenter leur passion, ni pour des motifs d'intérêt et de vanité que des âmes vraiment chrétiennes ont recours au mariage ; mais c'est pour avoir chacune d'elles une compagne qui partage avec l'autre, dans une parfaite union d'esprit et de cœur, les joies et les amertumes de la vie, qui l'aide dans l'exercice de la prière, qui l'encourage dans la pratique de la vertu, qui lui facilite l'œuvre du salut éternel et qui concoure avec elle à élever chrétiennement les enfants qu'il plaira à Dieu de leur donner. Ils doivent donc s'édifier mutuellement, éloigner l'un de l'autre toute occasion de scandale, toute pierre d'achoppement, rivaliser de zèle pour les œuvres de la gloire de Dieu et du salut de l'âme. Il doivent se considérer comme mutuellement solidaires de ce salut ;

ils doivent vivre de telle manière sur cette terre qu'un jour ils puissent se rencontrer aussi dans le ciel.

Mais le moyen de s'aimer d'un amour si surnaturel sans la pratique de la religion? L'homme n'est et ne peut être un objet d'estime et d'amour pour l'homme qu'autant que Dieu laisse tomber sur lui un rayon de son visage et l'enveloppe de l'ombre de son être divin. On ne peut aimer l'homme sans aimer Dieu : les hommes ne s'aiment comme frères que lorsqu'ils aiment Dieu comme leur père. Tout amour qui n'a qu'un sentiment purement charnel pour appui ne peut être durable; le temps et les infirmités, en en affaiblissant les charmes et les attraits, en minent sourdement l'existence; il n'y a d'amour stable que celui qui a le devoir, c'est-à-dire la loi et la grâce de Dieu pour base. Or, ce n'est pas dans les livres des philosophes, mais dans l'Évangile qu'on apprend le devoir; et ce n'est point par des considérations humaines, mais c'est par la grâce divine qu'on l'accomplit. De là la nécessité pour les époux chrétiens de lectures pieuses, de la pratique de la prière et de l'usage des sacrements, ces sources intarissables de toute grâce, de toute honnêteté, de toute vertu et de tout bonheur.

Quant à vous, mes chers fils, vous avez une raison toute particulière de vous exciter mutuellement à la pratique de la religion; c'est la reconnaissance envers Dieu. Sur cent mariages qui se font de nos jours, dans les classes qu'on appelle *éclairées*, on en trouve un seul à peine où l'époux soit sincèrement croyant et pratiquant la foi. Quelle gratitude ne devez-vous donc pas au Seigneur, ma fille, de vous donner un époux chrétien, dans ces jours malheureux où les époux de cette espèce sont, hélas ! devenus si rares ! Et vous aussi, mon fils, quelle gratitude ne devez-vous pas à Dieu, à votre tour, dans un temps où les femmes vraiment sages et pieuses sont si difficiles à rencontrer, de vous unir à une de ces femmes presque introuvables dont l'Écriture a tracé le portrait ; à une épouse qui ne cherche pour son principal ornement que la pudeur, qui se fait une gloire de l'étude de la sainteté, qui est la grâce surajoutée à la grâce, ou un trésor inestimable, car rien ne vaut la chasteté de l'âme : *Gratia super gratia mulier sancta et pudorata; omnis ponderatio non est digna continentis animæ* (Eccli. XXVI) ; à une épouse qui saura bien former votre maison par sa sagesse dans un temps où tant d'épouses légères et insensées détruisent de leurs mains les maisons le plus solidement assises : *Sapiens mulier ædificat domum suam; insipiens extructam quoque manibus suis destruet* (Prov. XVIII); à une épouse enfin qui, BONNE dans le sens des Livres saints, est le plus bel héritage et la plus riche récompense que l'homme de bien puisse recevoir ici-bas pour ses actions vertueuses, et qui, en reflétant sur vous sa bonté, vous fera meilleur et plus heureux, et redoublera les jours de votre vie : *Pars bona mulier bona; dabitur viro pro factis bonis. Mulieris bonæ beatus vir, numerus annorum illius duplex* (Eccli. XXVI).

Je n'ai pas besoin, mes chers fils, de vous dire que c'est avec le plus vif transport de mon âme que je souhaite que ces divines promesses s'accomplissent sur vous; c'est donc dans cette intention que je vais faire descendre sur vous les bénédictions de la foi et de la grâce, qui, en vous rendant heureux dans le temps, vous assureront la conquête du bonheur de l'éternité. Ainsi soit-il.

PARIS. — TYPOGRAPHIE DE HENRI PLON, RUE GARANCIÈRE, 8.